AF586413

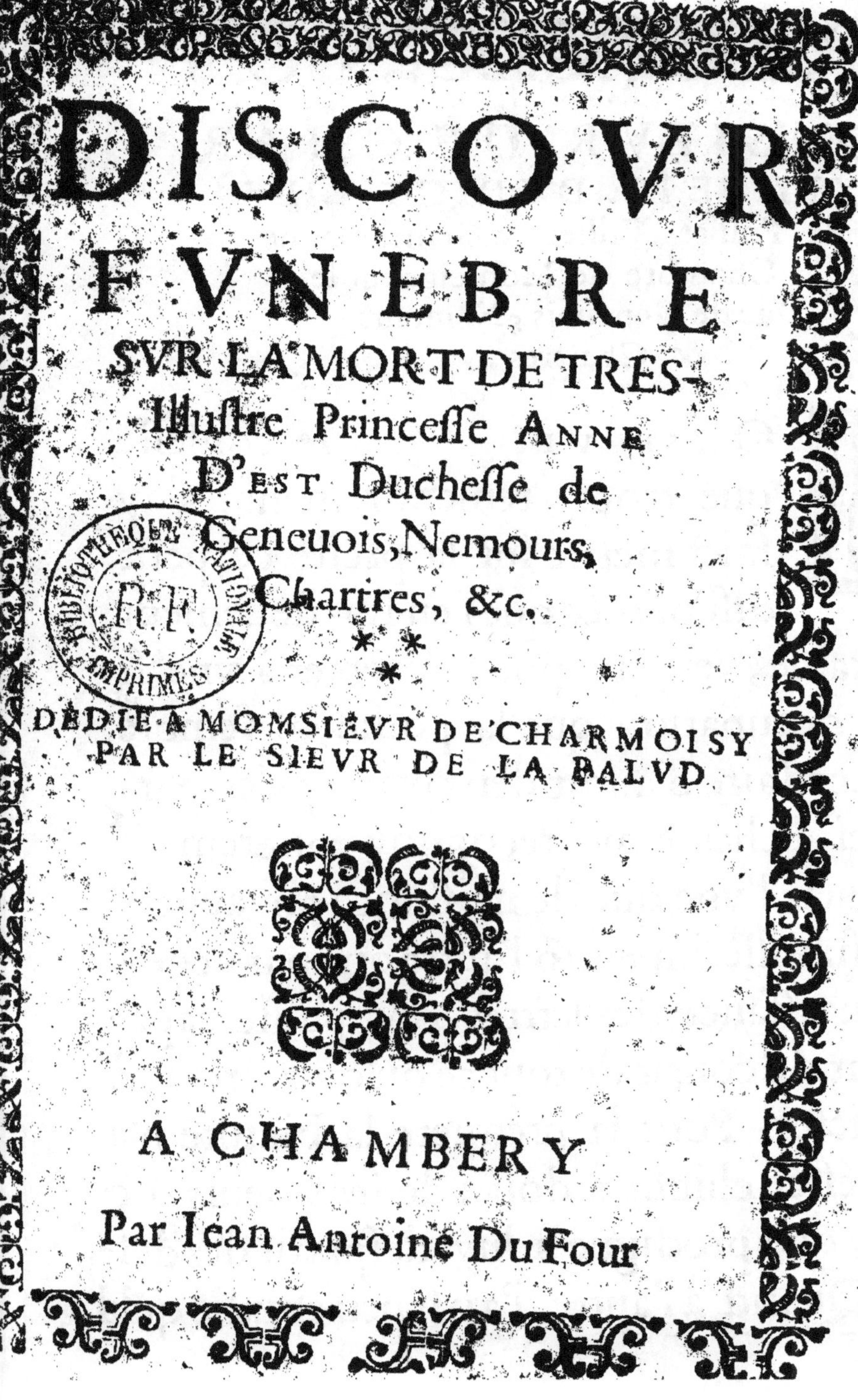

DISCOVRS FVNEBRE

SVR LA MORT DE TRES-Illustre Princesse ANNE D'EST Duchesse de Geneuois, Nemours, Chartres, &c.

* *
*

DEDIE A MOMSIEVR DE CHARMOISY PAR LE SIEVR DE LA PALVD

A CHAMBERY

Par Iean Antoine Du Four

A MONSIEVR DE CHARMOYSY SEIG. DVDICT LIEV Marcla, Folliet, Villier & Gentilhomme de la Chambre de Monseigneur le Duc de Geneuois, Nemours & Chartres.

MONSIEVR, Ie confesse que trop temerairement i'ay faict mettre sur la presse ce petit discours & que i'en suis deuement senceurable; veu que pour s'exercer à vne si diuine occupation que la poesie, il semble estre necessaire d'auoir deux principales parties, desquelles ie me recognois entierement desporueu: l'vne que de naissance on apporte vne subtille, inuentiō l'autre que par acquis & cognoissance des lettres, ont puisse capablement discourir de tout ce qu'on entrepréd de traicter. Pour la premiere la Nature n'a moins estée chiche à douer de ses faueurs mō esprit, que prodigue à luy despartir des desfaux. Quand à l'autte, i'ay si peu estudié qu'il ne faut s'estonner si ie fais voir des traicts de mon ignorance tellemẽt que le manque de ses deux, parties deuoit estre suffisant pour empecher mon phætonique dessain. Toutes fois par plusieurs raisons ie pourrois encore rendre, quelque peu excusable ma presuposée temerité, desquelles neãtmoins ie ne me veus seruir, tant pour m'estre indiferens les communs iugemens du vulgaire, que pour euiter prolixité seulement, ie me contente, que me faisies l'hõneur de le receuoir du mesme cœur que ie le vous dedie. Et croire que si le ciel m'auoit plus liberalement fauorisé de ses graces, ie vous en ferois plus digne part. Ne desirant rien d'auantage, que de pouuoir tesmoigner en quelque signalée occasion, combien ie me suis voüe.

Monsieur

Vostre tres humble
& affectionné seruiteur
DE LA PALVD

De Crusille ce 25. Decemb. 1608.

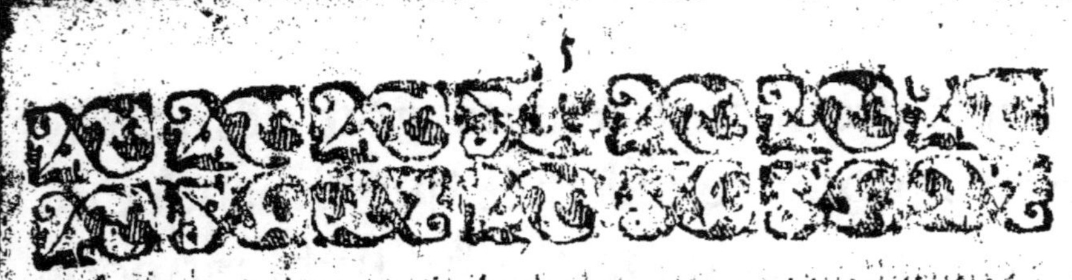

DISCOVR FVNEBRE SVR LA MORT DE MADAME DE NEMOVRS ET de mes Seigneurs ses maris, & enfans

PRES que la fortune incon-
stante Deesse,
Pour accabler d'ennuis ceste
digne Princesse,
Admirable ornement des Da
mes de son temps,
Sur elle eust essancée en la
fleur de ses ans,
Les plus aigres malheurs qu'auoit volu enclore,
Le foudroiant Iupin au vase de Pandore,
Sans luy pouuoir iamais sa constance alterer,
Ny impassiamment les luy faire endurer.
Car tout ainsi qu'vn Pin sur la crouppe d'vn mont,
Supporte constamment les assaux que luy font,
Les venteux Aquilons sans point changer de place,
Ains tant plus est presse, tant moins il s'atterrasse:
Elle pareillement plus vn cuisant malheur,
Cherchoit d'accoüardir sa virile valeur,
Plus elle s'eleuoit & d'vn masle courage,
Supportoit en, riant le plus sinistre outrage,

Dont ceste deité mescontente de voir,
Que pour l'inquieter vain estoit son pouuoir,
Et qu'elle estoit vn Roch où ses plus roides flesches
S'esmoussoient, sans iamais y faire point de breches,
Son visage horriblant, & refroignant ses yeux
Prononça fierement ces motz audacieux.

Quoy! faudra-il que moy, qui vay par ma sagesse
Egalant en honneurs la plus haute Deesse,
Et a qui les anciens sur infinis autels
Ont plus sacrifié qu'a nul des immortels,
Cognoissant que ie peux les hommes plus infimes
Esleuer aux honneurs, & grades plus sublimes,
Au rebours desthrosner toutes & quantefois
Que ie le veux ainsi les plus puissans des Roys.
Bref chascun scait asses qu'a mon vouloir ie rends,
Les plus puissans petits, & les plus petits grands.
Mon pouuoir estant tel que le terrestre Empire
Ne reçoit que de moy son bien, & son martire:
Car tous ceux que ie veux estre fauorisez,
Tout leur vient á souhait, de chascun sont prisez,
Ie les fais reuerer comme Dieux en la terre,
On les honnore en paix, & les craint on en guerre:
Au contraire celuy qui resent ma fureur,
Auec iuste subiect peut pleindre son malheur,
Veu que tous les tourmentz qu'inuenté Tisiphone,
N'approchét que de loing aux moindres que ie dóne.
Toutesfois mon pouuoir qui estoit redouté,
Tout autant voire plus qu'autre de deité,
Maintenant sans effaict a lendroit d'vne femme,
Me despoüille d'honneur pour me vestir de blasme:
I'ay sur elle versée vn deluge de maux,
Vne mer de malheurs, vn monde de trauaux,

Tout

Tout ce que iay ſongé eſtre plus inproſpere,
Et propre d'aſſouuir mon ardante colere,
Elle l'a reſenti, & ſi n'a pour cela,
Faict que quelques ſouſpirs ſans dire preſque hola.
Ains comme dedaignant ma ſupreme puiſſance,
Endurée ell'a tout d'vne graue conſtance
Soufrant auec meſpris les maux plus deſaſtreux,
Qu'en mon plus grand couroux ie lache contre ceux
Qui animent ſur eux ma violante furie,
Ell'a ſenti les maux que ſouffrirent Iulie,
Arthemiſe, & Hecube, & vn nombre infini,
D'autres Dames d'honneur qui d'vn bras ennemi,
Ne pouuant reſiſter à mes rages cruelles,
Vaincues de regretz d'elles furent borrelles,
Elle n'a fait ainſi, car plus elle ſouffroit
De diuers accidens moins elle s'affligeoit.
Mais ie iure des Dieux la puiſſance infinie,
Que ie me vengeray d'vne telle ennemie,
Et puis que mon pouuoir eſt vain pour la genner,
Les Parques ie pri'ray de ſecours me donner,
Soudain iettant en bas, & ſa roüe, & ſa corne,
S'eſleuant bruſquement ce lieu elle abandonne,
Et entr'ouurant les aïrs d'vn vol impetueux,
Fit tant qu'elle arriuaſt au ſeiour cauerneux,
Ou les filles d'horreur filandieres bleſmies
Deuident ſans arreſt le fuſeau de nos vies,
La ſans trop s'approucher de c'eſt entre noircy,
Ell'euentaſt ſa voix pour leur parler ainſi.
Vous filles de la nuict Deeſſes effroiables,
Qui aux veux des mortels eſtes inexaurables,
Ourdiſant à ſoübait la toyle de leurs iours,
Sans que grand, ny petit vous puiſſe eſtre rebours,

Et

Vous n'ignores combien ceux que plus ie careſſe,
Et que ie tiens plus chers ſoit Prince, ſoit Princeſſe,
Tout autant voire plus qu'vn pauure Bucheron,
Ie vous permetz ietter au bourbeux Acheron,
Auſſi pour pareiller faictes que ſans demeure,
Celle que ie diray tout ſoudainnement meure,
Eſguiſes vos ciſeaux afin qu'ils ſoit mieux preſt
Pour retrancher le fil des longs iours d'ANNE D'EST
Fille d'Hercule d'Eſt puiſſant Duc de Ferrare,
Qui des Princes Toſcans eſtoit l'vnique Phare,
Sa mere fuſt Renée extraicte d'Orleans,
Riche autant de vertus qu'iluſtre de parens,
Aqui appertenoit la Royauté de France,
Si la Salique loy n'y euſt fait repugnance,
  Quand nature voluſt ceſte femme creer
Elle aſſamblat les Dieux afin de la doüer
Chaſcun deux d'vn preſent de leur puiſſance digne,
Ce que luy accordaſt c'eſte bande diuine
  Iuppiter luy promit que tant qu'elle viuroit
Comme vne deité on la reuereroit.
  Iunon par le ſerment coſtumier aux Deeſſes,
Iurat de prodiguer ſur elle ſes richeſſes,
Et de faire qu'vn iour elle poſſederoit,
Tout autant de moyens qu'elle en ſouheteroit,
  Minerue la doüat de ſi bien trauailler,
Ingenieuſement à coudre, & à filer,
A titre Tapiſſer, & faire autres ouurages,
Qu'Arachne, & Pœnelop'n'en ſeurent d'auentages,
  D'vn coraige eſleué Mars luy enfla le cœur,
Et le purgeat ſi bien de ce timide humeur,
Que couſtumierement ſur la femme domine,
Qu'en genereux deſſains il la fit maſculine,

Que

La courtoise Venus fit aussi tant deffortz,
Pour des rares beautes luy decorrer le corps,
Que parauant n'a pres d'en voir vne si belle
C'est chose qu'on ne peut, non pas mesme pareille.
Vulcain forgeat ces ieux, & Pœbus mit dedans
Les Rais qu'il presumoit entre tous plus ardans,
De ceux qui vont ornant sa cheueleure blonde.
Aussi de leurs esclairs il brusloient tout le monde.
Cupidon y mesla encores d'vn venin,
Que nous pouuons nommer proprement Aymantin.
L'aymant tire le fert, & de ces yeux la force
Pour attirer les cœurs estoient la viue amorce.
Vn langage disert de beaux termes orné,
Du Dieu Menalien pour presentfust donné,
Des vierges d'Helicon la Celeste Vranie,
Luy serainat la voix d'vne telle armonie
Que ses douces chansons & sur humains accans,
Aux escoutans alloient les ames rauissans,
Vn infinis d'attraictz & autant de merites,
Luy furent presentez par les chastes charites,
Le Nopcier Hymené promit qu'entre deux fois,
Conioincte elle seroit a deux Princes Gaulois,
Des plus ilustres sangs de la fertile Euroupe,
Et l'honneur des Seigneurs de la françoise troupe.
Lucine d'autre part asseura que ces flancs,
Elle feconderoit á produire d'enfans;
Qui en rares vertus, & genereux courage,
Passeroient de beaucoup les plus preux de leur aage.
La pudique Vesta á nature iurast,
Virge la conseruer iusqu'on la mariast,
Hebe promit aussi iuuenale Deesse
De la laisser passer en extreme vieillesse,

Et pour le faire court il n'y eust deité
Qui ne luy fict presant selon sa faculté,
Il ne restoit que moy qui n'auois moins denuie,
De luy fauoriser & bien'heurter sa vie,
Qui lors parlay ainsi, puisque les puissans Dieux,
Et Deesses aussi qui regentent les Cieux,
De leurs dignes faueurs veulent la rendre riche,
Et moy de mon costé ie ne luy seray chiche,
Dés ses plus ieunes ans ie feray qu'elle aura,
Les enfantins plaisirs qu'elle souhetera,
Apres que son enfance elle aura delaisseè,
De toutes mes faueurs ie la rendray doüée,
Ie repandray en elle vn monde de bon heurs,
Ie luy feray donner mille diuers honneurs,
Tout luy viendra á gré, tout luy sera prospere,
Tout selon ses desirs & iamais rien contraire,
Tous ses veux auront lieu, tout luy rehusira,
Ainsi qu'en son esprit elle proiectera,
Et puis quand ie l'auray de mes graces remplie;
La boulle que ie tiens tousiours desoubs le pied
I'eslanceray fort loing, ma roüe ie rompray,
Et les aisles encor de mon dos i'osteray,
Afin que de mes dons sans crainte elle iouisse,
Que tant soit peu changer de volonté ie puisse,
Voila le beau present que ie luy veux donner,
Et encore plus grand s'il peut s'imaginer,
Moyenant toutesfois que trop mescognoissante,
D'ou procede son bien ne fasse l'ignorante,
Et que recognoissant ma supreme grandeur,
Ainsi comme elle doit me rande de l'honneur,
Preferant mon pouuoir, & ma haute puissance,
Aux Deitez qui font au monde residance,

La

La nature soudain fort gracieusement,
Nous vsa à trestous de remerciement
Procreant a l'instant ceste A N N E mieux ornée,
Des richesses du Ciel que fille que fust née,
De laquelle ie veux briefuement reciter,
Pour plus facilement vous pouuoir inciter,
Vouloir obtemperer à ma iuste demande
Combien l'ingratitude en elle á eslée grande.
Elle n'estoit encor qu'en sa ieune saison,
Commençant a auoir quelques traictz de raison.
Lors que ie commençay de luy donner notice,
Combien ie desirois de luy estre propice,
En ses follastremans ie luy fauorisois,
Et mille petits dons des-ia ie luy fesois,
En toutes ses façons, soit en ieux, soit en dance,
A rire badiner, & autres traictz d enfance,
Ou c'est que ie pouuois donner de ma faueur,
Tousiours par mon support en rapportoit l'honneur,
Et surpassoit d'autant toutes les autres filles,
Que de son temps estoient iugeez plus habilles.
Comme Diane fait l'astre moins flamboiant,
Qui alle vagabont dans le ciel rayonnant,
Quand elle fust entrée au prins temps de son aage,
De mes riches presans i'accreu son appanage,
Ie publiois son los, ie bien heurois ses iours,
Et faisois que desia mille petis amours;
Furettoient dans les cœurs des plus signales princes,
Qui feussent habitans d'Europe les Prouinces.
Sa reputation ayant tant de pouuoir.
Qu'elle eust peu à l'aimer les plus durs esmouuoir;
Iamais tant ie n'ornay la belle Ægiptienne,
Dont les Charmeurs attraictz sorselarent Antoine,
Ny autre sur qui i'aye eslargi mes faueurs,

Comme ie la ramply & doüay de bon-heurs,
Car il ne ce pouuoit en pas vne contrée,
En voir vne qui fust tellement decorée:
Mais comme le valet qui des biensfais d'vnMaistre,
S'estant fort agrandi vient a se mescognoistre,
Et mesprise en apres par trop ingratement,
Celuy dou procedoit tout son aduancement,
Elle en à faict ainsi, & cent fois encor pire,
En vers moy que iamais ne luy faisois que rire,
Et qui nauois pout bust de mon intention,
Que de me conformer à son affection,
Car l'ayant de mes dons largement enrichie,
Despuis le premier iour qu'elle eust au monde vie,
Et par mon seul moyen iouissan des plaisirs,
Qu'alloient a tous moumentz conceuant ses desirs,
Au lieu que tout cela deuoir auoir puissance,
De luy faire tousiours me rendre obeissance;
Me porter de l'honneur sans cesse m'honnore
Et sur tous autres Dieux tousiours me reuerer,
Au contraire voyant sa vie tant heureuse,
Elle conceut soudain vn humeur dedaigneuse,
Que luy fit mespriser mon pouuoir sur-humain,
Et ingrate paier mes bien faicts de desdain,
Vne sotte vertu qui n'est qu'vne fumée,
Vn nom sans nul effect vne vollage idée.
Qui ne se va formant qu'aux fantasques esprits,
Qui a son possesseur ne donne que mespris,
Qu'honte, que pauureté, que peine, que misere,
Et pour tout n'est sinon qu'vne horrible chimere,
Seulement qui des folz embroüille les cerueaux
Et non l'entendement des esprits les plus beaux,
Luy a bien tellement la volonté charmée,

Con

Que ſon ame elle n'a d'autre ſoin enflamée.
Qu'aymer ceſte vertu fille d'opinion,
Conceue d'vn erreur & de preſonption,
La preferant a moy aimant mieux vertueuſe
Se repaiſtre d'eſpoir que viure bien-heureuſe,
Dés qu'elle a eue empraintе en ſon cœur ceſt erreur,
Son eſprit s'eſt rampli d'vne telle fureur,
Que quoy que ie luy aye a fin de l'en diſtraire
Permi que tout luy fuſt agreable & proſpere,
Cela na rien ſerui ſes deſains eſtants tels,
De ne ſacrifier a point d'autres autels.
Qu'à ceux de la vertu & n'auoit dans ſon ame,
Aucune fonction qui ne fuſt de ſa trame,
La vertu ſeule eſtoit de ſon cœur le miroir,
L'obiect de ſes penſees, le frain de ſon voloir.
La butte ou ſes deſirs recherchoient tous atteindre,
Le painceau qui pouuoit ſeul dãs ſon cerueau paindre,
Bref ell'auoit l'eſprit tellement enchanté,
Qu'elle ne reueroit que ceſte vanité,
Cela m'irrita tant voyant quelle habitude
Elle prenoit d'vſer ver moy d'ingratitude,
Qui eſtois ſi prodigue a la fauoriſer;
Que ie fis le ſerment duquel on voit vſer,
Les hautes deitez & qu'ils ont inuiolable,
Que ie ne luy ſerois dés l'heure fauorable,
En aucune façon ains que tout au rebours,
Ie comblerois d'ennuis le reſte de ſes iours,
Que ie me banderois de toute ma puiſſance,
Pour treuuer le moien de luy faire nuiſance,
Et que de mon pouuoir de ſa preſomption,
Elle auroit par mes mains iuſte puniſſion.
Dés lors elle à ſoufert les douleurs plus ameres,

Les

Les plus cuisantz mal-heurs les plus rudes miseres.
Qu'on puisse imaginer sans que iamais pourtant,
Son esprit tant soit peu ayt paru inconstant
Ains plus elle souffroit de diuerses angoisses,
Moins elle desmonstroit de marque de tristesses.
Elle fust mariée a François Duc de Guise,
Des Princes le Phœnix vn pillier de l'Eglise
Issus du noble sang de ces hardis Lorrains,
Qui de Ierusalem ont heu le sceptre aux mains,
Sa valeur le randoit comme vn Dieu venerable ;
Ses genereux conseils a nul autre semblable,
Soit en guerre, ou en paix il estoit renommé
Pour le plus accompli que le ciel eust formé.
Ils s'alloient entre-aymant d'vne amitié telle,
Qu'on n'auoit encor veue icy bas la pareille.
Elle ne respiroit autre contantement
Que pouuoir auec luy viure fort longuement,
Moy qui le recognu pour rompre son delice
Allay embesogner la traistreuse malice.
D'vn appellé Poltrot faisant que par dernier.
Il occit ce Guisard des Princes le premier,
Ie croyos bien alors qu'vne telle nouuelle,
Son humeur si constant feroit esloigner d'elle,
Mais fort ie me trompay car apres quelques pleurs,
Sans plus manifester ses cuisantes doleurs,
Elle se consoloit, & d'vn braue langage,
Disoit pour ses pechez meriter dauantage,
De sinistres mal-heurs de tribulations.
Et que Dieu ayme ceux qui on d'afflictons.
Tels estoient ses discours mesprisant de ma force,
Les plus violantz effaicts, & la plus rude estorse,
Quand son Pere morut plus que patiemment,

Constante elle portat ce mescontentement,
Non que son ame fust pour cela impassible,
Car elle en endurat vn regret indisible,
Mais elle supportoit tous les humains malheurs,
Tout autant gaiement que ioyes, & que bonheurs,
Alleguant pour raison d'vne telle constance,
Que sa vertu faisoit vser de pacience,
Et alloit enseignant comme il faut mes rigueurs
Souffrir sans en auoir sentiment ny doleurs.
Le Delphique flambeau cinq fois entierement,
Auoit ia tournoyé [illegible] son erravement.
Desquelle auoit vescue en pudicque vefuage,
La Tourte ressemblant qui fuit le vert feuillage,
Son couple ayant perdu qu'vn cauteleux chasseur,
A d'vn Plomb ensouffré outrepercé le cœur.
Elle fuyoit aussi durant ses cinq années,
Tous Ieux, dances, festins, publiques asemblees:
Son vefuage esgalant à celuy de Iudic,
Vefue viuant ainsi que vefue elle vesquit,
Mais le ioieux Hyman auec la Cynthienne,
Complotarent entre eux pour la leuer de peine,
Et radoücir laigreur des espineux ennuitz,
Que ie faisois pleuuoir sur elle iours, & nuictz:
De luy persuader comme son aduentage,
De conuoler encor en second mariage.
Elle y condessendit, mais á condiction,
Que luy seroit permis de faire election,
D'vn qui me detestat, qui blasmat ma puissance,
Qui abourrat mes dons, faueurs & asistance,
Et qui n'eust dans le cœur empraint que la vertu
De laquelle entre tous il fust le mieux pourueu,
Hymen le luy permit lors de ceux que Cyprine,

Alloit

Alloit pour son suiect eschauffant la poitrine,
D'vne Hymenale ardeur celuy elle volut,
Que sur tous vertueux elle iaimast le plus,
Et bien que nous soyons ennemies iurees
Sans espoir de iamais estre confedereres:
Et qu'auec la vertu sinon que rarement,
Nous puissions compartir en vn lieu longuement
Si faut il aduoüer son chois estre louable,
Et qu'elle n'eust sceu prandre vn Prince plus capable
Plus aymé de chascun, plus reueré de tous,
Plus honnoré des Roys, plus courtois, ny plus doux
Que celuy qu'elle prit qu'vn Iaques de Sauoye,
D'autant illustre sang qu'autre Pince qu'on voye,
Soubs le Globe du ciel, car ses predecesseurs
Estoient anciennement sortis des Empereurs,
Et qui ont en maintz lieux des terres Idumees,
Contre les infidels leurs proesses semees,
    En France il n'auoit non que le Duc de Nemours,
Vn Nestor en conseil, vn Mercure en discours,
Le Cæsar des Cæsars, le Scipion des Gaules
Vn Atlas qui tenoit partie sur ses Espaules,
L'Eglise catholique en sa vieille splendeur,
La terreur des meschans, des bons le protecteur,
Nourrissier de Themis, fauoris de la troupe
Des Seurs qui d'Helicon vont habitant la croupe.
Vray miroir d'Adonis en aymables attraictz.
Viue Image d'Hector en valereux exploictz.
    Si tost qu'ils furent ioinins par vn sainct Mariage,
Comme le marinier qui est sur le riuage,
Sauué [illegible] mesprisant les flots & le danger
Dans lequel il pensoit n'aguere submerger,
Elle estant à labri dans les bras de ce Prince,

Artiere

Artiere dedaignoit la rigueur de ma pince,
Pensant viure en repos le reste de ses iours,
Et iouir a souhaict de ses chastes amours.
Mais i'allois hourdissant vn subiect tout contraire,
Car dedans peu de iours ie fis mourir sa Mere,
Son frere Cardinal le mesme saut franchit,
Faisant que doublement regret elle souffrit.
Si sceut elle si bien estre dissimulée,
Que dedans peu de iours elle fust consolée
Ses ennuis pallissant d'vn louable manteau,
Disant ce que Dieu fait chacun doit trouuer beau
Ainsi que le soldat qui en camp clos bataille
Pour demeurer vaincueur or d'estoch or de taille
Son ennemi assaut, & voyant que les coups,
Quil luy baille à la cuisse, au bras, ou aux genoux,
Ne peuuent l'esbranler, il met toute industrie
De pouuoir offenser quelque noble partie.
Tout de mesme ie fis voyant que ie ne peu,
Forcer son naturel ainsi que ie volu,
Et quoy que ie luy fusse & violante, & seuere,
Que ie fisse mourir son reuerable Pere,
Frere, Mere, Mari, cela ny seruant rien,
Soudain ie me resould a vn autre moien,
Elle estoit tellement de l'amour embrasée,
De ce second mari, que la plus haut prisée
Par les historiens, pour auoir ardammant
Son coniugal espoux aymé pudiquemant
N'eusse peu l'esgaler, n'en deplaisse à Porcie,
A la chaste Camma, ny moins à Cornelie,
Ses desirs, ses pansers, toutes ses actions,
Tesmoignoient la ferueur de ses affections.
Or donc pour l'affliger car vn regret extreme,

Est de voir endurer cela que plus on ayme,
Ie fis qu'il fust si fort podagrement goutteux,
Qu'on n'eusse sceut toucher ny chalis, ny linceux,
Sans luy faire crier quelque tristre parolle,
Telle qu'vn patient qu'vn grief tourment affole,
Ayant par tout le corps vne extreme langueur,
Sa seule langue fust exempte de doleur.
Affin que par discours tristement lamantables
Il esmeut a regret les cœurs moins pitoyables,
Elle les escoustoit tousiours fort constamment,
L'induisant de voloir souffrir patiamment,
Que Dieu auoit pour nous enduré dauantage,
Et mille telz discours qui animoient ma rage,
Car voyant que cela ne pouuoit l'esbranler,
Aux champs elisiens ie le fis deualer
Lors elle ressantit vn assaut si viollante
Que combien quelle fust extrememant constante
Il se manquast fort peu qu'obliant sa valeur
Elle ne succombat sous le faix du malheur.
Ie croiois ia auoir sur elle la victoire,
Et quelle seruiroit de Trouphé a ma gloire,
Mais en se releuant comme de pasmaison,
Rauittaillant son cœur d'vne saincte raison,
Elle se resoulust pourter en patience
De ce facheux mal-heur la maligne influence:
Auant qu'effectuer ce dessain glorieux,
Elle fist distiller de ces humides yeux
Vn desluge de pleurs, marque de son angoisse,
Tesmoig de son ennuict, signal de sa tristesse,
Et ayant par my l'aïr exalez maints sanglots,
Sa fureur contre moy luy dictat ces prropos.
Desastreuse Fortune implacable borrelle,

Tu

Tu desborde sur moy ta rage plus cruelle,
Pensant de me forcer à flechir soubs tes loix
Tu te vas abusant i'ay faict vn autre choix,
Employe tes efforts à mal-heurer ma vie,
Vaincre tu ne me peux, ton pouuoir ie defie,
Encores que tu m'as traictee rudement,
Me priuant du subiect de mon contantement:
Toutesfois i'ay tant mise en Dieu de confience,
Qu'il ne me deslaira iamais sans assistance:
Car á tous les momens i'implore sa bont
De me targuer tousiours contre ta cruauté.
Ayant parlée ainsi d'vn ennuyeus vefuage
Elle recommençat le despleuré visage
A son accoustumée alloit me desdeignant,
Et à la mienne aussi i'allo is imaginanr,
Tousiours quelque moyen par lequel ie la puisse
De plus fort crucier d'vn nouueau malefice.
Du Prince Guisien ell'eust des beaux enfans,
Enfans qui ont estez des vices triomphans,
Et qui ont aux combats, & au mestier des armes
Merités dessus tous l'ombragement des palmes.
Ie pensay que cela son funeste torment,
Luy faisoit supporrer beaucoup plus doulcement,
D'vn extreme desir dez l'henre fus saisie,
De treuuer vn moien tel qu'a ma fantasie:
I'allois imaginant de les faire mourir,
Par quelque griefue mort pour luy faire souffrir
Vn sur-crois d'accidens si violant, & si rude,
Qu'elle se blasmeroit de son ingratitude.
Ce que despuis aduint comme ie desirois,
Voire encor pirement que ie ne figurois,
Car de tant qu'ils estoient vn est resté enuie,

Tous les autres sont morts les vns de maladie,
Autres par la fureur d'vn tyrannique Roy,
Qui cruel leur ayant viollée la foy:
Apres luy auoir faict mains signalez seruices,
En fist esgourger deux par ces trestres complices
Timide redoutant d'vn d'iceux la valeur,
Que la France tenoit comme son protecteur,
De l'autre le scauoir, & faconde elonquence,
Qui des heretises euantoit l'ignorance.
Estans tous roides morts par mon conseillement,
Et affin que l'ingrate eust plus d'affligement,
Ils furent estandus tous deux sur vne table
Playez de mille coups aspects fort effroiable,
Et pour mieux l'outrager plusieurs diuers brocards,
Ie luy faisois donner, & aux defungs Guisards:
Croyant par ce moien que ie serois Vangée
De sa temerité la voyant outragee.
Mais il faut confesser (car vne Deité
Doit en tous ses discours vser de verité,
Que i'estois plus lassee à pour penser d'iniures,
Qu'elle d'en resentir les cuisantes picures,
Recellant ses ennuicts au centre de son cœur,
Ces forcenes propos tesmoins de sa fureur,
Profera seulement, Quoy meurtrier? Quoy perfide
Engeance d'Alecton desloial homicide,
Sacrilege, Tyran, le deshonneur des Roys,
Indigne de regir non vn sceptre françois,
Mais les fiers nourtissons des delers d'Hyrcanie,
Que cruel surpassant tu vas en felonnie:
Mes entans qui t auoient seruis si loyaument,
Qui auoient tes haineux traictes si rudement,
Qu'ils les auoient forcés te rendreobeissanre,

Et maintenant ingrat est-ce la recnmpence
Qu'ils ont heue de toy d'vn monde de bienfaicts,
Leur sang criera tant vengeance desormais
Deuant Dieu immortel, conioinct à mes prieres,
Que tu seras bien tost à tes heures dernieres,
Qu'il ne tardera guere à te rendre punis,
Du traistreux celerat qu'en eux tu as commis,
Et sans qu'entre ses bras ie remets leur querelle,
Ie rendrois ceste main de ton fourfaict borrelle.
Là le Roy commençoit sa rage enuenimer,
Pour la faire comme eux soudain desanimer:
Mais ie luy empechay non que ie la sauuasse
Pour aucune amitié qu'a elle ie portasse,
Ains plutost qu'en souffrant mes riguers icy bas,
Tous les iours en viuant ell'eust mille trespas.
De son second mary ce Sauoyard Achille.
Ell'eust aussi deux fils, & vne seule fille:
La fille moruft ieune, & neantmoins sa mort,
Luy vlcerat le cœur d'un poignant desconfort:
Car en ses ieunes ans son indole enfantine,
Prometoit d'esgaler en attrais Euphrosine.
De ces masles enfans Charles estoit l'ainé,
Par le vouloir du Roy qui fust emprisonné,
Lors qu'il fit esgorger ses deux maternels freres,
Ce qu'encor luy accrust l'aigreur de ses vulceres.
Ce Charles à esté des Princes le Soleil,
Fils aisné de Belonne, en valeur sans pareil,
L'Hercule des François, le foudre des batailles,
Tesmoing en est Paris, & le trou des murailles,
Qui contornent Vienne, Arqnes, Toysay Gnol,
Yury, Seurre, Mascon, maints autres lieux encor:
Ou c'est qu'il à monstré en sa verte iunesse,

Mille heroiques traicts de conseil, & prouesse,
Aussi elle l'aimoit sur tous vniquement:
Mais elle ne goustat c'est amour longuement,
Car m'en apperceuant selon mon ordinaire,
Ie fus à son voloir directement contraire
Il fust emprisonné par deux diuerses fois
Vne comme i'ay dict, l'autre des Lionnois,
Et estant reschappé auec son industrie
Ie ne desistay point de desastrer sa vie,
De ses plus confidantz il fust abandonné,
Des vns d'iceux trahy d'autres empoisonné,
Dvne telle poison que dans peu de iournées,
Il terminast le cours de ses ieunes années,
Ie vous laisse a penser, quel despit, qu elle rage,
Quel horreur quel regret agitast son corage,
Veu que son frere aussi de Ferrare le Duc,
Ne tardat en apres guere qu'il ne morust.
Tant de calamitez l'vne à l'autre conioinctes,
Tant de diuers malheurs, tant de subiects de plaintes,
Outre vn nombre infini de rudes accidens,
Qu'ell'a encor souffert auec les precedens,
Non pas eu le puouoir faire que ceste femme,
Vn brin de desespoir ait conçeu en son ame,
Et les plus genereux aux vieils ciecles passez,
Se resantoient si fort de regrets oppressez,
Seulement pour auoir perdus quelques batailles,
Qu'ils s'enfonsoient souuent vne dague aux antrailles
Mais comme le plastron qu'vn arctiste armoirier
Elabure a loisir, pour targuer vn guerrier,
Plus on le va battant s'endurcit dauentage,
Et moins vn plomb mortel y peut treuuer entrage,
Plus ie la martelois de tribulations,

Plus

Plus ie la ſurchargois de perturbations,
D'ennuicts,pertes , regrets , doleurs , peines triſteſſe,
Elle ſe ranforſoit plus fort en ſa ſageſſe ,
Ayant quelque ſanglots parmy l'aïr exales,
Ou d'vn larmeux humeur ſes yeux ſombres moüillés,
Sans plus ſe ſoucier de mes dures attaintes,
Elle les enduroit preſque ſans point de plaintes,
Allant par ce moien hounilſant ma grandeur,
Moindriſſant mon pouuoir, auillant mon honneur,

Tant que pour n'auoir peu vaincre ceſte Chimere,
Perſonne ne me craint,plus on ne me reuere,
Chaſcun me vaſt hüant , & dict-on que ie ſuis
Non vne Deïté , mais vn ſonge de nuict
Proſpre pour abbuſer vne credule enfance,
Puis qu'vne femme vaſt meſpriſant ma puiſſance,

Ces propos vont ſi fort mon cœur martiriſant:
Ioinct auec le meſpris dont elle vaſt vſant
Que ſi mon eſtre eſtoit de nature mortelle,
I'aurois ia de Caron paſſee la nancelle:
Mais puiſque ie ne peux , ie n'ay qu'à vous recours
De vous ſeule i'attens , & eſpere ſecours,
Si vous ne me vengez la choſe eſt aſſeuree,
Que ie demeureray toute deshonnoree
Le moindre des mortels m'euſera de meſpris
Et plus ne me craindront tous les humains eſprits,
He donc ne permettes que l'Adamide race,
Empoulle de Sauon vn tel affront me faſſe
Vanges moy de ce tort faictes la tresbucher,
Entre les bras felons de l'infernal Nocher.

Lors les fatales ſœurs ceſte demande ouye
Promirent librement de la randre accomplie,
De quoy Fortune fuſt contante extremement,

Et

Et sans plus seiourner partit soudainnement,
Tost apres son despart huchant les maladies,
Et les infirmitez dont elles sont seruies,
Qui autour de leur crote ont leur logis plantez,
Prestes d'executer tousiours leur volontés,
Ainsi qu'en vn Palais, ou bien en vn Baillage,
Les Huyssiers, & Sergens porte-effroy du plaidage,
Sont tousiours attendans qu'on leur vienne donner,
Quelque commission pour quelqu'vn adiourner,
Entre toutes prenant la lente hydropisie,
Laquelle elles iugeoient mieux á leur fantasie,
Ce funeste dessaing pouuoir executer
Luy enioignant soudain partir sans arrester,
Et de ceste Princesse aller allangoureuse
Les membres surenfler de son humeur glueuse,
Consumant peu à peu le reste de chaleur,
Qu'elle pouuoit auoir en sa vieille vigueur,
Ce qu'elle executast auec tant de viollence,
Que l'ayant allité hors de toute esperance,
D'en iamais releuer tant ce viscueux venin,
Son corps ia my glacé auoit mis au declin.
Lors d'vn roüillé ciseau Attrope noire, & passe,
Allast trancher le fil de sa trasme vitale,
L'esprit dressa son vol sur les cieux estoillez
Ou milles legions de courtisans aillez
Fanfarent, sans cesser les supremes loüanges,
De l'immortel facteur des hommes, & des Anges,
Entre les Manes saincts des Martirs glorieux.
Il est inthronisé, ou des plaisirs des cieux
Il iouist à souhait, sa soif il rassassie
De l'impide Nectar, & sa faim d'Ambrosie:
Il œillade sans cesse esperdeuement ioyeux,

L'incrée

L'incree Vnité obiect des biens heureux,
Et de l'heureux Sion va goustant le delice,
Sans crainte que iamais vn si grand heur finisse.
Son corps fust entombé ainsi qu'elle ordonnast,
Parauant qu'Atropos sa paupiere sillast,
Au sepulchrar Mauso le, en pompes magnifiques,
Lequel va reserrant les pouldreuses reliques,
De son second mary. Et son cœur fust porté
Comme c'est qu'en viuant il auoit proiecté,
Au tombeau, qui contient la Carcasse cendreuse,
Du Guisien qui l'eust le premier pour espouse,
O cruelle fortune, il est vray ce qu'on dict,
Que tu ris aux mechantz & aux bons contredict,
Las nous voyons l'essay de ton humeur peruerse,
Et combien les humains a ton gré tu trauerse,
Tu as sur ceste Dame exemplaire d'honneur,
Delasché tous les traictz de ton aspre fureur,
Ses Maris, ses Enfans, ses Pere, Mere, Freres,
Par tes inuantions les Parques filandieres,
Bourrelles ont meurtri & si n'estoit pourtant,
Ton desir enfiellé encor du tout content,
Si tu n'eusse impiteuse ardamment poursuiuie,
Que l'on eust racourcy le terme de sa vie,
La desastree Hecube eust de l'affliction,
Voyant son Priam mort, desertée Illion,
Massacré ses enfans, esgorgee sa fille,
Ruinee entierement son illustre famille,
Mais quoy? vn adultaire animat ce malheur,
Qu'on pouuoit euiter punissant le pecheur,
Niobe fust aussi de pertes surchargee,
Et en vn tel malheur elle se vit rengée,
Que de voir ses Enfans, fils, filles, & espoux

Estandus roides mortz par l'enflambé courroux,
De l'Archer Delien qui de vollantes fleches,
En leurs corps innocentz fist mille & mille breches,
Toutes fois son orgueil sa folle ambission:
Le mespris de Latone & sa presomption,
Tramarent ses ennuictz luy causarent ses pertes,
Et du dieu irrité aiflarent les sagettes.
Mais las ceste Princesse exempte entierement,
De tout ce qui pouuoit meriter chasti'ment,
Tu ne laissas pourtant de randre miserable,
Plus que si elle fust deuement punissable,
Tu emfiellas ses iours, & sembloit proprement,
Que ton regret nasquit de son contentement,
Et tant qu'elle viuroit que tu serois enpeine,
Rongee sans cesser d'vne infernale gesne,
Optenue tu as ce que tu desirois,
Mais il n'est arriué comme tu esperois,
Au lieu qu'elle n'estoit icy bas que Princesse,
Ores ell'est auciel tenue pour Deesse,
Deesse qui pourra ceux qui l'implor eront,
Desliurer des ennuicts que tes traictz leurs feront,
Que si estant au monde elle n'a craint ta rage,
Bien que tu vas disant que c'est ton appanage,
Et que tu le gouuerne en sauuerainete,
Or iuge sainement vuide de vanité
Si ores que du ciel elle est glorifiée.
Combien plus de tes maux elle fera d'hüée,
Combien auec mespris elle te traictera,
Et combien tes haineux courtoise elle aidera,
Aussi a l'angoisser tu estois trop ardante,
En elle tu perdis le surnom d'inconstante
Car tu as constamment sans iamais varier,

Vn

Vn ſingulier plaiſir prins a la martirer.

Tant de charmeurs attraictz qui decoroient ſa face
Tant de perfections la grandeur de ſa race,
Ne peurent allantir ton forcené humeur,
Ains alloient aigriſant le feu de ta fureur,
Parce que tu eſtois ialouſe de ſa gloire,
Et que tu eſperois qu'ayant d'elle victoire,
L'accablent ſoubs le ioug de tes faicts inhumains,
Que tu gourmanderois le reſte des humains,

Mais iamais la vertu ne demeure vaincue,
Elle qui en eſtoit abondamment pourueue,
C'eſtoit bien perdre temps tant ſoit peu de penſer,
Par des afflictions ſon corage forcer:
Ceſte digne vertu obiect des belles ames,
L'ambraſoit tellement de ſes diuines flammes,
Et eſchauffoit ſon cœur d'vne ſi ſaincte ardeur.
Qu'elle prennoit tout vn, fuſt malheur, fuſt bonheur,
Ses empennes deſirs du ſerceau de leurs aiſles,
Entrefendant les airs ſe miroient aux merueilles,
Du Palais empiré meſpriſans genereux,
De ce globe emboutbé le train aduentureux.

Et vous horribles Seurs des trames deuideuſes,
Engeance de pechez de charon pouruoyeuſes
Hæ! pour quoy ſi ſoudain auez vous deuié
Vn corps ſi richemant de merites doüé?
Pourquoy? dictes pourquoy? l'as! toute vne commune,
Rempliſes vous de pleurs pour plaire a la fortune,
Car ceux auroient le cœur & les yeux empierres,
Ou ſeroient meritans eſtre vif enterres,
Qui la recognoiſant deux larmeuſes riuieres,
Ne feroient suriorner de leur crœuſes paupieres,
Et n'embraſaroient l'air de leur ſouſpirs venteux,

S'arrachant brusquement de rage les cheueux,

Les Princes, & les Roys plaignent sa mort funeste,
Disans estre esclipsé le miroir de l'honneste,

Les Dames sans auoir plus soin de se parer,
On voit incessamment ce trespas desplEurer
Se plomber l'estomac, & comme Bacchanes,
Forcenees d'ennuicts toutes sombres & passes
Crier en gemissant qu'elle estoit en viuant,
Celle qui leur alloit de modelle seruant,
Qu'elle estoit le patron, où les plus accomplies,
Pouuoient encor apprendre & ce rendre ramplies,
De tout ce qui conuient aux femmes de sçauoir,
Pour dignemant garder les loix de leur debuoir
Les gemissables cris du menu populaire,
Et leurs tristes discours randent tout occulaire,
Qu'elle estoit sa vertu, & combien ses bontes,
Luy alloient acquerant de bonnes volontes
Car il ny a celuy qui d'elle eust cognoissance,
Qui n'aye ressanti des traicts de sa clemence
Les vns pour optenir quelques bienfaicts du Roy
Les autres pour auoir fauorable la loy,
D'autres pour euiter vn merité supplice,
Autres pour emporter quelque bon benefice,

Mais entre tous i'entans vne tourbe de iens
De vefues d'orphelins de Pauures indigens
Tramsportés de regrets, hurlans parmi les rues,
Ainsi qu'Ourses qui sont mortellemant ferues,
Dire vnanimemant en desplorant sa mort,
Qu'en elle ils ont perdus leur vnicque support,
Leur infallible appuy leur nourriciere Mere,
Et l'asile assuré encontre leur misere,
Les charitables fruictz de ses humanites

Soulagent

Soulageant les rigueurs de leurs necessités.
Ie recognois asses vostre accorte finesse,
Et pourquoy vous auez meurtris ceste Princesse,
Sencieres de Pluton, l'œil le plus obscourcy
Peut voir qui vous esmeut de massacrer ainsi
Ceste Deesse humaine, ou plustot pour mieux dire,
Celle qui des vertus tenoit en main l'empire.
Vous n'ignories pas que d'vn coup de ciseau,
Destranchant ses saisons vous mettriez au tombeau
Non elle seulement, ains vne multitude,
De pauures quemandeux qui n'auoient aptitude
Autre que de gœuser, lesquels sogneusement,
Elle faisoit nourrir quotidiennement,
Vous nignories pas que maintz fleuues de larmes,
Sa mort feroit surgir aux yeux de plusieurs ames,
Qui pourroient submerger dans leur flotz colerés,
La source d'ou ils ont leur naissance tirez,
Ou bien qu'estant du corps toute l'heumeur sortie,
Il resteroit apres sans mouuementz, ny vie.
Aueugles sans raison on vous va renommant,
On voit par les effais que cest tout autrement,
Tousiours sur le plus beau vostre rage s'inonde,
Et prenant le pur or, laisse la crasse au monde.
Tesmoing ceste Princesse ou cest qu'on pouuoit voir,
Representé au vif ainsi qu'a vn miroir
De toutes les vertus la viuante figure,
L'Image du parfaict, & l'honneur de Nature,
Que vostre felonnie a sceu cruellement
Renuoyer dans l'horreur d'vn affreux monument,
Apres auoir esté en quatre partagee
L'ame pour son merite dans le ciel est logee
Le corps git a Nicy pres l'vn de ses Maris,

D 5

A Iinuillé le cœur les, boiaux à Paris.

Ce fust au mois de May, mois que la belle Flore
De ses peintes faueurs prodiguement honore:
Que le Ciel s'enrichit du terrestre bon heur,
Que vismes Esclipser ceste humaine splendeur,
En ce mois que les pres se tapissent d'herbages,
S'embaument les valons, s'affeuillent les boucages,
Et que les ieunes fleurs on voit espanouir,
Las de ce beau fleuron le lustre on vit fanir.

Puisse tu desormais le long de ta durée,
Mois le plus desastreux des douze de l'année,
Ne voir loger ches toy que les (frilleux poissons,
Et pour mieux t'affroidir te quittent les Besson,
La Neige, le Frimas, la Bruïne, & la Glace,
Couurent durant ton cours de la terre la face
Les pluyes en plombetz, les Zephirs en Autans,
Te seruent de rosee, & t'allent esuantans.

Seulement aux endrois ou le reste repose
De ses membres cendres que le Lys, & la Rose,
Le Thin, la Mariolaine, auec toutes les fleurs,
Qui peuuent parfumer de suaues odeurs,
Y naissent en tous temps, en tous temps y fleuronnent
Et maints fleuues de Mane encores y surionnent,
Affin que recognoistre on puisse qu'en ce lieu
Vn corps est entombé, dont l'esprit plust à Dieu.

FIN.

SVR LA MESME MORT
SONNET.

De la perfection l'astre le plus insigne,
Qui au ciel de l'honneur paroissoit glorieux
Cõme vn soleil brillant aux cambreures des cieux,
Entre tous les brandons qui dorent la machine,

A anuicté son iour d'ou naistra nostre ruine
Car des que ce Phoebus d'honneur tout radieux
Ses pudiques esclairs esclipsat à nos yeux,
La vertu est restee a demi orpheline.

Si Leandre perit s'esteignant le flambeau
Qui de Phare seruoit pour le tirer de l'eau,
Nous n'en ferons pas moins estainte ceste Dame
Aux Syrtes vicieux on verra desormais,
S'engouffrer nous espritz puisque les chastes rais
De ce diuin fanal amortie, ont leur flãme.

P. L. M.